부끄럽습니다

부끄럽고 싶지 않은 삶이 전하는 수줍은 고백
부끄럽습니다

초판 1쇄 인쇄 2021년 09월 25일
초판 1쇄 발행 2021년 10월 10일

지은이 전영란
펴낸이 백도연
펴낸곳 도서출판 세움과비움

신고번호 재2012-000230호
주 소 서울 마포구 양화로길 73 체리스빌딩 6층
Tel. 070-8862-5683
Fax. 02-6442-0423
E.mail seumbium@naver.com

ISBN 978-89-98090-38-8

값 9,500원

부끄럽고 싶지 않은 삶이 전하는
수줍은 고백

부끄럽습니다

시인 **전영란**

세움과 비움
Seum&Bium

목 차

2부
폭풍주의보

3부
이름 값

4부

탄생

1부 냄새의 무게

냄새의 무게

지하철 문이 열리고
사내가 들어와 쭈뼛거리며 자리를 찾는다
풀어놓은 냄새에 코를 막는 사람들
힐끔힐끔 옆 칸으로 빠져나가고
만취한 사람처럼 비틀거리며 앉는 남자
양옆을 다 몰아낸 채
신문지 몇 장의 잠을 눈꺼풀에 매단다
앞 코가 떨어져 나가 발가락이 보이는 신발
툭 튀어나온 엄지발가락이 새까맣다
웅크린 몸을 뒤척일 때마다
사방을 휘젓고 다니는 냄새
으슥한 길을 돌며 처참하게 무너진
서울역 지하도의 겨울이 꿈에서도 춥다는 듯
표정이 일그러진다
사람들이 몇 번 타고 내리는 동안
큰 대자로 널브러진 잠
지하철 긴 좌석을 마음대로 차지하고서
미동도 하지 않더니
순간 몸을 일으켜 자리를 뜬다

무겁게 남아있는 노숙의 냄새
머물다간 흔적이
천근의 무게로 내려앉는다

기도 한 벌

오래된 스웨터를 푼다
별빛 한 가닥 끌어 모아
아들의 겨울 스웨터를 짠다

문풍지를 뚫고 들어오는 송곳 바람
초저녁에 떠 놓은 자리끼에 살얼음 낀다

아들은 코가 석 자나 빠진 취준생
노량진에 문패를 건 지 벌써 몇 년째
유빙이 떠다니는 바다 어디쯤에서
이 밤을 헤매고 있을까

꼬인 매듭을 풀어보지만
길은 실타래처럼 자꾸 엉키기만 했다
군데군데 놓쳐 버린 휑한 구멍들

아들의 청춘 한때를 잡아
한 코 한 코 빠진 생을 메우기 위해

기도 한 올 한 올
정성껏 바늘에 감아
손을 모은다

시험에 합격하게 해달라는
간절한 아픔을 촘촘히 짜면
세상에서 가장 아름다운
기도 옷 한 벌 완성된다

보기만 해도 따스해지는 옷이다

골방 기도

비 온 후 깊게 파인 웅덩이
살짝 뛰어넘을 수 있을 것 같았는데
하필이면 몇 해 전 수술한 발목
인대가 끊어지고 말았다
밤낮없이 쏘다녔던 날들
침대 위 높은 받침대에 올리자
온 신경이 깁스 속의 발에 집중한다
수시로 들락거리던 편두통도
발가락 끝까지 욱신거리게 하던 디스크도
윙윙거리던 환청도
눈치를 보며 스스로 견디는지
투정하는 소리가 없다
허둥지둥 살아온 길 돌아보니
발아래가 천 길 낭떠러지
쉽게 판단하며 천방지축 날뛰었다
호기심을 버리지 못해
곁길로 가도 괜찮다고 생각했다
세상에서 오래 머뭇거리며
함부로 걷다가

한 걸음도 뗄 수 없는 수인이 되어서야
깜깜한 골방에 엎드린다
산만했던 정신이 깁스에 갇혀서야
아버지 집에 돌아온 것이다
누워서 하늘만 보는 날들
두 눈에 눈물이 가득 고인다
발을 꼼지락거리며 드리는
골방 기도의 날들
발의 밤이 깊어질수록
마음이 맑아진다

소망

아버지는 서툰 도공이었다
흥에 겨워 손 가는 대로 빚는
도자기 가문에서 으뜸으로 치는
청자 백자와는 거리가 멀어도
척박한 땅에서 진흙만으로 빚어
정성을 다해 구운 그릇
윤기도 없고 쉽게 깨지지만
알뜰하게 어루만지는 어머니의 손과
함께 둘러앉은 정다운 두레상에
감초처럼 사용되었다
투박하고 볼품없지만
오랜 친구 같고 가족 같은 그릇
조금 모자라도 쓰기 편하다
나 또한 연약하고 무가치해도
주인의 마음에 합당하여
편하게 사용해도 괜찮은
어떠한 상황에도 넉넉한 그릇
보배를 담은 질그릇이고 싶다

디딤돌과 걸림돌

디딤돌인 줄 알았는데 걸림돌이었다
굳어져 사는 건 재미없는 일 부드러운 꽃이 다가와 만져도
뿔을 세우며 외톨박이로 어느 구멍에 박혀 있었다. 한여름
뙤약볕에 오한을 느끼면서도 잘살고 있다며 자신만의 성곽
을 쌓았다. 둥글지 못한 것은 내 탓이 아니었다.

징검다리는 언제나 즐거웠다.
하나둘 숫자를 배울 때 어른의 입말을 따라 하면서 디딤돌
을 건너던 아이 가끔 걸림돌을 만나 물속에 빠지는 날도 있
었지만, 징검다리를 받쳐주는 고임돌의 모둠살이까지 가슴
에 담으며 키가 자라고 생각이 자랐다. 사람들 사이에 하나
가 되었다

누군가에겐 디딤돌이
다른 누군가에겐 걸림돌이었다

몽돌 하나 만들려고
삶의 파도는 수없이 뿔을 깎아냈다

내려놓음

소한을 지나 대한으로 가는데
베란다엔 봄이 활짝 피었다
화초들 따스하게 거실 문을 열어두었더니
자기 고향으로 착각하나 보다

종일 머물다 가는 햇빛도 한몫 거들어
장미보다 더 탐스럽게
겹겹의 꽃잎이 둥지를 이룬 제라늄
가느다란 줄기가
꽃의 무게를 감당하느라 휘청거린다

아침마다 깨자마자 눈 비비고 나가
송이송이 꽃을 매단 채
바닥에서 놀고 있는 애들을 일으키며
너무 욕심부리지 말아라
감당할 만큼만 피어라 이르는데

정작 나는 아무것도 내려놓지 못하고
이것저것 부둥켜안고 허둥거리고 있다

아직도 이루고 싶은 꿈이 있어
풀지 못하는 숙제 같아서
날마다 세상 쪽으로 휘청거린다

골방에 들어가 기도의 꽃을 피우면
무거운 짐을 내려놓을 것 같아
무릎으로 숙제를 풀어 본 날
베란다 꽃처럼 내 영혼이 환하다

기도 방석

두툼한 목화솜을 가득 채운
방석의 꿈은 구름처럼 부풀었다

한때는 기도 소리에 온 집안이 젖었었다
몸이 불편한 어머니는
예배당 가는 것도 어려워
방석 위에 엎드려 두 손을 모았다

어머니 세상 떠나고 식구들은
바쁘다 바쁘다만 외치더니
심장은 식어가고 입은 지퍼처럼 닫혀
기도 소리 사라지고
귓속엔 씀바귀 꽃물만 가득했다

습관처럼 외치는 빨리빨리
막막한 내일만 보고 달리느라
모두 속도전에 내몰렸다

뛰어다니던 관절 망가져
밖에 나가지 못한 지 몇 달째
오랫동안 장롱에 갇혀있던 방석을 찾으니
점점 굳어가고 있다가 반색을 한다

골방 한쪽에 엎드려 있던
어머니의 기도
방석이 먼저 듣고 눈을 감는다

일출

그때,
다시 일어나지 못했던 것들을 보네
기도하는 무릎이
세상을 다시 만든다는 것을
미처 몰랐네
보이지 않는 손이
태양을 끌어 올리고 있네
어둠의 휘장이 찢어진 자리, 오늘이 활짝 열리네
새까맣게 뒤덮였던 어둠과의 사투
밤을 이기고 솟아오르려 애쓴 얼굴
벌겋게 달아올라 자랑이라네
고통의 사슬이 끊어지는 순간
햇살이 떠오르네
혼돈조차 평화라고 믿었던 시간
가득한 해무를 뚫고 나오네
누구도 대신할 수 없는
그곳은 내가 가야 할 길
뒤돌아보니
어둠 속에서

주저앉았던 흔적만 보이네

그 사이로

기도하지 못했던

사람이 보이네

그 여자의 겨울

자동차 핸들이 좌로 우로 흔들리면서
엉금엉금 기어 도착한 산동네
생활지원금으로 구했다는 사글셋방
현관에서 안방 경대가 다 보인다

늘상 술에 취해 있는 어미를
보다 못한 아들
문짝을 있는 힘껏 걷어차고 떠난 후
소식을 알 수 없단다

3개월째 요금이 밀린 도시가스 배관은
골목 어디쯤 올라오다 막혔는지
영하 십 도가 넘은 날씨
문짝마저 떨어져 나간 방에
가득 웅크리고 있는 냉기
체온을 빼앗으려 달려든다

전기장판 하나로 몸 녹이고
부탄가스로 밥하고 물 데우며 산다는 그녀

24

멋쩍게 웃으며
방석 대신 이불을 깔고 앉는다

허허벌판 그 여자네 집
기침이 쿨럭
문지방을 넘는다

흐린 날

꽃나무 살아가는 모습이 따로따로
팔손이 군자란 관음죽
반지르르하게 빛나는데
유독 영산홍만 풀이 죽었다

붉은 꽃 매달고 몸매 자랑 한창일 봄인데
이파리 군데군데 검은 점
화분 속이 비명으로 가득해
윤기 없는 잎사귀들이 힘없이 떨어진다

똑같이 물 주고 거름 주고
햇빛 잘 보이는 곳에 두었는데
무엇이 힘들었을까
나 또한 까칠하여
같은 공기 마시고 같은 바람 쐬면서도
먼저 손 내밀지 못했다

생의 변두리에 앉아버린 내 안에서
무슨 일이 벌어지고 있는지

주인이 보고 무어라 하실지
짐작조차 하지 못해 괴로운 날이 오래되었다

어둠이 밀려오는 베란다에 쪼그리고 앉아
영산홍을 쓰다듬는데
저 깊은 곳에서 싹터
죄를 밀고 올라오는 주의 음성
눈물 떨어진 자리에
꽃으로 피어난다

몸부림

고구마 캐려고 땅을 파헤쳤더니
거기에 살고 있는 생명들이
발 빠르게 피난하는
전쟁터를 방불케 한다

개미 지네 땅강아지 노래기
시위도 할 수 없는 무기력한 것들
저마다의 방법으로 목숨을 지키려는
저 안쓰러운 몸부림

지금까지 살면서
사람들 가슴에 호미질을 하지 않았을까
큰 죄를 지은 것 같아 고구마를 캐다 말고
방망이질하는 가슴 쓸어내린다

욕심을 버리지 못해
힘없는 사람들에게 함부로 대하진 않았는지
가까운 사이라고
격의 없이 대한다며 가슴을 후벼 파진 않았는지

갈수록 어둑해지는 마음
깊은 밤 베개를 흥건히 적시도록 회개하면
잊고 살았던 죄까지 없어지려나
하룻밤으론 부족할 뿐이다

생각의 꼬리를 물고 올라오는 내 안의 죄성
새까만 심연에 갇혀
몸부림칠수록 더 깊이 뻗어간다

주렁주렁 따라 올라오는 허물이
눈 감고도 보인다

모과

사람들 사이에 심으시고
물은 충분한지
햇빛과 바람은 적당한지
병충해에 시달릴까
새들이 와서 쪼아댈까
밤낮으로 살펴주십니다

웃자란 가지 잘라내어
튼실한 열매 만들어주시고
꽃 피우던 봄날 지나
하늘을 가린 무성한 잎사귀 아래
주렁주렁 안겨주십니다

울퉁불퉁 못생긴 얼굴
이슬로 씻고 햇빛으로 분칠합니다
단단하고 곧은 심성을 가졌지만
남몰래 벌레가 낸 흔적들
그 사이로 길 한 줄기 뻗어있습니다

그 길 따라 몸의 말을 뱉어내고
상처가 깊을수록 향기는 짙어갑니다

짓무른 살을 어루만져 주면서
세상에 향기를 전하며 살다가
아버지 집으로

어서 오라 하십니다

멀어져간 천국

사람들로 붐비는 지하철
똑 똑 똑 지갑을 노크하며
지팡이가 바닥을 더듬는다

짙은 선글라스 사내
하늘가는 밝은 길을 부르는데
천국은 나와 상관없다며
두 귀를 막은 사람들

승객들 사이를 비집고
한 칸 한 칸 이동하는 남자
허리춤 낡은 기계에선
허공을 두드리는 노래가 퍼지는데
바구니엔 달랑 동전 몇 개뿐

소리가 들리는 쪽으로 고개를 돌리고
지갑을 만지작거리며
계산만 한다

언젠가 텔레비전에서 보았던
불편한 진실
지하철 순례가 끝나면
말끔한 옷으로 갈아입고
퇴근하던 모습

천국이 내 앞을 스쳐
한 걸음씩 멀어져 간다

당신께 날아갑니다

혼자서는 날지 못하는 한 마리 새
당신이 함께할 때 날 수 있습니다
떨어지기 전에 받아주지 않으면
맥없이 나동그라질 것입니다

힘을 다해 차고 올라
순간을 스쳐 가는 공중의 길
마음의 높이를 가늠했어도
날개를 한껏 펼칠 수 없었습니다

바람을 관통해야만 갈 수 있는 곳
하늘 향해 두 손을 모읍니다
길을 놓치지 않으려
팽팽히 당긴 생각이 위로 뻗어갑니다

때로 막다른 길에서
숱하게 바닥으로 곤두박질쳤지만
온 힘을 다해 만든 둥근 울타리가
상하고 찢긴 나를 감싸 줍니다

거침없이 솟아오르고 싶었던 욕망의 끝에서
마지막 힘을 다해
푸드덕,
새가 되어 당신께로 날아갑니다

미련

서점 운영 노하우 살려 서재를 정리했다
안양천으로 난 창문만 빼고 찾기 쉽게 꽂았는데
쉬지 않고 발간되는 신간
한 달에 몇 권만 받아도 금방 쌓인다

종이봉투 뜯지도 않은 채 책상 위에 쌓이고
절반은 아직도 열어보지 못한 것
깊은 맛을 제대로 음미하기 위해 한 번 더 읽겠다며
한쪽에 쌓아두어 바닥까지 넘쳐난다

애지중지하던 심리학 교재들
시 창작론 세계문학전집과 백과사전
월간지 계간지 각종 논설류
성경주석까지 치우기로 작정했다

버릴 책을 현관 입구에 쌓아두고
며칠 동안 들여다보고 망설이다가
한 권 두 권 다시 서가에 꽂으면서
폐기된 건 겨우 한 박스

버리는 게 왜 어려울까
어차피 빈손으로 가게 될 하늘인데
자꾸만 뒤돌아보는 고개가 아프다

찌르는 가시

눈동자를 찌르는 속눈썹
족집게를 이용해 잡히는 대로 뽑았다

값나가는 족제비털이나 토끼털도 아니고
현미경이 아니면 잘 보이지 않는 털인데
언제부턴가 무기로 변해
시도 때도 없이 동공을 공격했다

흐릿한 거울 속에 충혈된 눈동자가 안쓰러워
안과에 다녀오면 며칠 잠잠하다가
다시 눈동자를 찌르기 시작할 때면
족집게를 한바탕 휘두른다

결국엔 성형외과 수술실 침대에 누워
가시가 올라오는 곳을 막았다

이제는 찌르지 않는 눈을 가만히 들여다보며
지나온 삶을 더듬어 보는데
그동안 얼마나 많은 가시를 만들어

나를 찌르고 남까지 찔렀는지
가슴이 따끔거린다

마음속에 박힌 가시를 뺄 수만 있다면
날마다 부딪치는 일상에서
누구도 찌르지 않겠다 싶어
골방에서 무릎으로 떼라도 써 봐야겠다

모래시계

끊임없이 뒤집히지만
삶은 늘 제자리

시간에 쫓겨
바늘구멍같이 퍽퍽한
내일을 기웃거린다

유리 감옥에 갇혀
반전을 기대하지만
번번이 바닥으로 떨어진다

알지도 못하는 사람들
내 속을 홀딱 뒤집는다

그래도 다시
일으켜야 하는 오늘

2부 폭풍주의보

폭풍주의보

완도 여객 터미널 제3 부두
돌아올 남편을 기다린다
바다에 떠 있는 수많은 섬
꿈틀거리며 해를 받아들인다

폭풍주의보가 내려지고
태풍의 입김이 바람을 일으킬 조짐이다
두려움이 항구를 부풀리자
갈매기 소리만 가득 싣고 있던 배가
출렁거리기 시작한다

파도를 헤치며 오고 있을 그 사람
무사히 도착할 수 있을까
가슴 졸이는 시간은 더디기만 하여
저 바다 어디쯤에서 폭풍에 가라앉은
수많은 사람을 떠올린다

물거품처럼 사라진 영혼을 생각하며
물음표가 일렁이는 동안

삶과 죽음의 경계를 넘나드는 파도를 뚫고
남편이 탄 배가 들어온다

기다림을 풀어놓은 밧줄이 내려오고
배의 난간에 남편이 보인다
불안에 떨고 있던 마음이
몸보다 먼저 뛰어간다

개미와 베짱이 부부

현관 비밀번호 누르는 소리
텃밭에 출근했던 남편이 퇴근한다
들고 오는 가지 몇 개 고구마 줄기 한 봉지
기분 좋은 날은 호박이며 고추며 감자며
현관에 들어설 때마다 빈손인 적 없다

첫아이 입덧 심할 땐
마른오징어 좋아하는 걸 뻔히 알면서도
주머니가 비어 붕어빵 두 개
품속에서 꺼내 주었다

퇴직 후에 할 일을 찾아 동동거리다가
산 밑에 자그마한 텃밭 만들고
농사꾼 된 지 벌써 몇 해
한 번도 같이 가자는 말이 없다
볕 따갑고 벌레 많으니
집에서 책이나 읽으라며 신발을 신는다

사십 년도 더 넘는 기간 동안
남편만 의지하며 살아왔다
벌어 온 것으로 밥상 차리고
준비한 것으로 둥지 만들고
많이 벌어오라 구시렁거리지 않았다

일터로 나간 개미와
인문학 서적에 정신을 팔고 사는 베짱이
오늘의 일기장이 보름달이다

씨도둑은 못한다

김장하고 남은 미나리 뿌리
유리병에 담아 주방 창에 두었다
밑동까지 잘라 죽지 않을까 걱정했는데
다시 숨을 쉬고 물을 빨아들이며
제 세상 만난 듯 쑥쑥 자란다

주방에 들어오면 뭐 떨어진다고
어깨에 뽕 세우고 당당하게 사는 남편
싱싱하게 올라오는 미나리 보더니
오징어회가 먹고 싶단다

한 주먹도 안 되는 미나리 싹둑 잘라
오징어 쪽파 아울러
고추장 설탕 식초 갖은 양념 넣고
새콤달콤 버무렸다

오징어 회 판이냐?
아따 맛나다
십몇 년 전 돌아가신 시아버님과

저녁상을 마주한다

끝난 줄 알았는데 다시 살아나는 미나리처럼
퇴직한 후에도 기죽지 않은 남편
씨도둑은 못 한다더니
좋아하는 음식 보면 해맑게 웃으시던 아버님
나이가 들수록 닮아간다

동행

외출할 때도 약속이 있을 때도
주름진 목을 부드럽게 감아
화사하게 돋보이게 하는 스카프

세찬 비바람에 노출된 후
얼룩지거나 구겨지는 것이 싫어
세탁하고 다림질하며
풀어지는 올 한 가닥까지 바늘에 감아
햇살 한 줌 보태 시침질했다

마음의 동요 없이 무심하게 지나치다가
때론 갑자기 이끌리는 변덕스런 감정
예쁘게 화장하고 둘렀어도
햇빛이 쨍쨍 내리쬐는 날에는 벗어야 했다

오랫동안 무늬를 읽고
질감을 느꼈지만
보이지 않는 마음은 알 수 없었다
경험해 보지 못한 내일을 위해

서로 안고 안기면서 살아간다

수많은 바람의 날들을 지나오는 동안
그 속에 담긴 따스함을 다 쏟아주고
끝까지 감싸주다 버려져도 괜찮을 스카프는

바로 당신이었다

열 살 무렵

외할아버지 손을 놓지 못하고
서럽게 우는 어머니 곁에 서서
처음으로 생명이 떠나버린 사람을 보았다

중요한 부분만 작은 종이로 가린 후
시신에 소독약을 바르고
떠날 채비하는 마지막 모습

내 등엔 열 살 터울로
갓 태어난 여동생이 업혀 있었다

불임 전문 한의사로 명성이 자자했다는 외할아버지
당신의 셋째 딸인 내 어머니에겐 통하지 않았는지
아들을 점지하는 일에는 능력이 없었는지
탕약에 뜸에 침에
애를 써도 어머니는 아들을 낳지 못했다

손자 못 보고 떠나는 것이 한이라는
유언 같은 말까지 남겨

어머니가 그토록 서럽게 울었던 이유를
나중에야 알았다

죽음을 생각하면 떠오르는 열 살 무렵
종이 한 장으로 아랫도리를 가린 채
깡마른 모습으로
기억의 끄트머리에 누워 계시는 외할아버지

어머니의 눈물이 염하듯
흠뻑 적셔 내린다

화전

파릇한 봄바람이 불어오는 능선
진달래가 한창이다

가슴에 아들을 품고 살던 어머니
언니 시집 보내고
아들 아들 천만 번 기도했다

드디어 아들 낳았다는 소식
어머니 가슴에서 덩실덩실
노랫가락이 절로 나온다

진달래 한 소쿠리
쌀가루 반죽 위에 웃음꽃으로 다시 피어
언니네 갈 채비 서두른다

석작에 차곡차곡 정성스레 담아
손자 만나러 갈 생각에 들뜬 어머니
환하게 피는 언니 얼굴

해마다 이맘때면

아들 아들 기도하던 어머니

능선마다 그 정성을 부치신다

스미다

요양원에 가지 않고 혼자 사는 어머니
간고등어 몇 마리 들고
수술한 발목 붕대로 감고
고속버스에 몸을 실었다

한때는 어머니와 시간 가는 줄 모르고
전화기만 붙들고 살았다
어머니 가슴에 쌓인 것 꺼내다 보면
어느새 하루해가 기울었는데
이제는 소리와 인연을 끊고 사시니
내려간다는 기별도 못하고 길을 나선다

누군가를 기다렸는지 활짝 열어놓은 대문
기도에 깊이 빠져있는 어머니
꿋꿋하게 자식 위해 기도하는 날들이
혼자 사는 버팀목이었는지
언제부터 자식에게 뻗는 마음이 저렇게 깊어졌을까

평생 바깥으로 나돌던 아버지 기다리더니
이제는 자식 오는 날 손꼽으신다
살며시 안아보는 순간
어머니 가슴에 스며드는 나

그 속에 내가 있고
날마다 간구하는 기도 속에 내가 있었다

어머니 기도 들으면서 살고
그 음성 때문에 다리를 일으키는 날들
내 가슴속에 어머니의 간구가
수묵화처럼 번져간다

귀와 귀

육신의 귀가 닫힌 어머니와
영혼의 귀를 닫은 딸이
시골 예배당에 나란히 앉았다

기도하겠다는 소리에 찬송가 뒤적이고
성경 보겠다는 말에 기도 시작한 어머니
말씀이 끝나가는데 아직도 기도 중이다

영혼의 소리를 듣고 있는지
하늘 가는 길을 헤매고 있는지
끝날 줄 모르는 기도

부대끼며 사는 현실이 너무 벅차다며
듣는다 하면서 귀 닫고 사는
철부지 자식이
고향에 내려와 예배드린다

눈에 귀가 있는지
마음에 귀가 있는지

바깥소리는 더디 들어도
딸의 속마음은 재빨리 들으시는 어머니

예배드리는 내내
육신의 귀를 닫으시고
자식을 위한 기도만 하신 것이다

아흔

어지럽다 숨 가쁘다
초점 없는 눈동자
문 앞에 엎드린 죽음을 끌어안으려
먹고 있던 약을 끊으셨단다

하나님께 부탁하다가
하늘나라에 있는 어머니에게 부탁하다가
먼저 간 남편 불러
나 좀 데려가라고 날마다 조른다며
한마디 하신다

징한 놈의 목숨이 쇠심 줄이여야
그래도 느그가 잘해준께
오래오래 살고 싶어야
빨리 죽어야 느그가 고생 안 하는디
으짜끄나
으짜끄나

죽고 싶다가도 살고 싶어

하루에도 몇 번씩

천국과 세상 사이에서

헤매고 있는 어머니

자식에 대한 예의

어머니 우려먹은 첫 시집
시답지 않은 소리로 도배된 시집을
어머니께 보냈다

젊은 딸도 내 시집이
이해가 안 된다며 투덜거리는데

구십이 다 된 노인네가
야학에서 겨우 깨우친 한글 실력으로
보이지 않는 눈 몇 번이나 껌벅이며
마지막 페이지까지 읽고 나서
대견하다는 듯 한마디 하신다

네가 어릴 적 보았던 내 이야기를
시시콜콜 잊어먹지도 않고 잘 썼더라 잉
겁나게 부끄럽다야

다 쏟아내고 나뒹구는 깡통처럼
텅텅 울리는 몸뚱이

시 쓴다며 엄마 이야기 바닥까지 박박 긁었으니
지청구 한마디 하실 법도 한데

속이 보이는 것 같아 창피하다면서
수줍게 웃는 어머니
애써 딸의 어깨를 다독인다

이사 가셨네

잘 가셨다 했네

이제 그만 붙잡고
하늘나라로 보내드리자는 말은
편하자고 하는 소리

한 줌 재를 묻어놓고
무덤 옆 밭에서 배추 뽑아다
어머니 손맛 흉내 내며 겉절이 무쳤네

고춧가루가 너무 매운 탓인지
자꾸만 눈앞이 흐려졌네

간 본다며 집어 먹다가
매콤하고 간간한 어머니 표 겉절이가 어른거려
눈물이 핑 돌고 말았네

어머니를 떠나보낸 날
내 가슴에도 무덤 하나 만들었네

감칠맛을 흉내내다

고향 앞바다에서
조개 캐던 어머니가 담근 깻잎김치
잘 삭힌 조개젓에 버무려
택배로 보내주셨다

지금은 안 계신 어머니가 그리워
짭조름한 기억을 더듬는다
감칠맛을 흉내 내고 싶어
바다 향이 가득한
해남산 조개젓을 산다

들판의 향이 스며있는
깻잎 한 소쿠리 따오고
붉은 고추 양파 생강 마늘 정성껏 갈아
고향을 향한 그리움 한 움큼과
바닷물 성분의 짠 눈물로 맛있게 양념을 한다

어머니 냄새가 밀려오고
살가운 고향 바람이 불어온다

완성된 깻잎김치
어머니 맛 그대로다

엄마를 지우다

저 세상으로 주소를 옮긴 엄마
삼 년 넘어 전화번호를 삭제한다

아침에 궁금해서 나를 찾을 때면
지금 바빠! 나가야 해!
이따 내가 전화할게 하며
툭 밀어냈던 엄마

때론 경대 위에 핸드폰을 올려놓고
화장하고 드라이하면서
잘 듣고 있는 것처럼 맞장구를 쳤다
했던 이야기 되풀이한다고 투덜거리며

내 엄마라서 함부로 했던 마음까지
깨끗하게 삭제하고 싶은데
간절한 그리움에는 유예 기간이 없는지
지우려 할수록 기억이 또렷해진다

이제는 내 안부가 궁금한 엄마도 없는데
이토록 애틋한 기억도
언젠가는 송신이 마감될 날 오겠지

낙엽 수묵

자식들 덮어줄

손바닥만 한 그늘 한 평

남겨주고 싶어

발버둥을 치던

내 아버지

찬 서리 한아름

끌어안고

꿈결처럼 땅에 누웠다

풀독

아버지 무덤이 억새밭에 갇혔다
억새 잎이 자꾸 다리를 찌른다

아버지 어디에 이런 독이 숨어 있었을까
억새가 허리를 숙여 종아리를 후려친다
약이 되었던 말씀을
대수롭지 않게 흘려들었기 때문이다

발목이 축축하게 차오른다
깊숙이 발을 뻗지 못하는 땅에서
날마다 흔들거리며
아버지 말씀 의지하며 버티고 살았다

다리가 욱신거린다
뼛속에 새겨진 말씀이
온몸으로 흠뻑 젖어 들 때
종아리에 새겨지는 억새 무늬들

무덤에 다녀온 흔적이
고스란히 남아있다

발목 잡힌 여자

아무도 살지 않는 섬에 가서
한 일 년
책 만 보다 오고 싶다고
소원처럼 읊조렸다

얼마든지 그러라는 남자
라면조차 제대로 못 끓인다

시대가 바뀌었다고 아무리 외쳐도
명절에도 제사 때도
뗄 수 없는 이름표,
큰집 맏며느리

얽히고설킨 사연들이
발목을 붙잡고 놓아주지 않는다
어느 날은 거칠거칠한 어르신이 잡고
어느 날은 눈에 넣어도 아프지 않은 손녀들이 잡고

발길 기다리는 곳도 많고
해야 할 일도 많아
일 년은커녕 일주일도 집을 비울 수 없어
체념하고 마는데

용기가 없는지
걱정이 많은지
긍정도 부정도 하지 못한 채
그냥 발목 잡혀 산다

3부 이름값

이름값

선교 바자회에 시집 이십 권을 기부했다
알려지지도 않은 시집 누가 사겠냐고
눈앞에서 하는 소리
가슴에서 쿵 소리가 난다

애초부터 이름 얻겠다고 시작한 일도 아니고
이야기꾼 아버지 유전자 물려받아
몸속에 저장된 물꼬 트이듯
주저리주저리 쏟아져 나온 것뿐인데

세상 사람들 평가 방식으로 보면
시답지 않은 이야기를
시랍시고 끄적여 놓았으니
보기에 형편없었나 보다

널리 알려지려면
시도 잘 써야 하지만 인기도 좋아야 한다는데
시도 못 쓰면서
인기조차 없으니

김소월 윤동주 시대는 이미 지나
시집 한 권이
커피 한 잔 대접도 못 받는 세상
공짜로 주면서도 눈치를 봐야 하는
시를 써서 무엇할까

그럼에도 저녁이면
책상 앞에 앉아 시를 풀어놓는다

이름 없어도
아버지 이름을 품고
시집에 버젓한 제목 하나 붙여주라는
음성이 있었기에

모빌

천장에 매단 모빌이
팔랑팔랑 얼굴을 내민다

같은 염색체를 가졌는데
살아가는 스타일은 서로 다르다
막내는 나비처럼 화려한데
가운데 낀 나는 촌스럽다

공중에서 쉴 새 없이 출렁이다가
서로 부딪치는 소리에 자존심이 상하기도 했다
매달린 대로 움직일 수밖에 없어
자리를 지키며 관계를 유지하려 애썼다

위에 있으면 위에 있는 대로
아래에 있으면 아래에 있는 대로
웃음과 울음을 적당히 버무리면 될 일
흔들려도 감당하고 받아들이면
손해 볼 일은 없다

팽팽한 줄에 매달린 역할놀이
서로 다르게
삐뚤빼뚤 살아 꿈틀거리는 배우들

허공의 무대에서
자신만의 서커스에 열중한다

꽃병

우리 집 가훈은 청빈, 출근하는 아버지 월급은 박봉, 어머니가 부업을 해도 반지하 단칸방

여자 친구 아버지는 젊은 여자와 눈이 맞아 가출, 엄마와 단둘이 사는 가난한 모녀, 들쑥날쑥 아르바이트 출근, 구경한 적 없는 월급봉투, 전기세 수도세 독촉하는 고지서, 몇 개월 동안 지속되는 집주인 눈총

결혼을 안 하고 독신으로 살기로 했으나, 그녀를 만나고 초록빛 잎사귀가 오지로 떠나는 결혼을 불렀다 임신을 생각하면 올라오는 두려움, 우리처럼 살까 봐 싫다는 여자 친구, 결혼조건은 아이 안 낳기, 하늘의 별을 요구한 것도 아닌데 못할 것 없다 아기가 나오는 문을 막았다

담배만 뻐끔뻐끔 피워대는 아버지
꽃병에 물을 붓지 않고
꽃은 시들고

결혼이 죽었다

어머니가 울고 있다

물음표

나뭇잎이 질문을 쏟아놓는다
와스스 햇빛에 고개를 들던 초록들
해답을 찾아 두리번거린다
살아남으려는 비밀을 숨기고
자기 몸을 말리는 나무는
바람의 동의를 얻은 지 오래
바닥에 떨어진 알록달록 질문들이
시험장에 가득 펼쳐진다
구르다가 부서질 이름이지만
떠나려다 말고 멈추는 저 걸음
무엇이 궁금한지 바람에게 묻는다
이력의 끝은 여기가 아니라며
고개를 갸웃거린다
누구나 남은 생을 모르듯
해답을 찾지 못하고 사라지는 삶을
저들은 알고 있었을까
생은 끝없는 질문과 같은 것

나무가 와스스
물음표를 쏟아놓는다

민낯

티비에 등장한 어르신 두 분
효도 운운하며 자랑하는 자세 교정의자
나도 효도 선물로 받았다

디스크 수술로 훈장 몇 개 매달고
척추협착증까지 안고 있는 몸
곧추세울수록 속으론 더욱 무너져
일주일도 못가서 빨간불이 켜졌다

광고 뒤에 숨어있는 뒤틀린 어두움을
꼼꼼히 살피지 못하고 맹신한 대가

한 이틀 버티다가 찾아간 병원
부드러운 뼈는 교정할 수 있어도
딱딱하게 굳은 허리는 쉽지 않다는 진단

따라주지 않은 몸을 생각지도 않고
의욕만 앞섰던 날들
몸뿐만 아니라 굳어버린 성격까지

지나온 삶을 들켜버렸다

남의 말에 휘둘리지 말고
잘 살피며 살라는 듯
꾹꾹 눌러주는 손
굳어진 뼈마디가 맵다

손길이 닿다

아파트 화단에서 볕을 쬐던 화초들
소슬바람에 오들오들 떤다
하늘에서 내려준 빗물을 마시며
땡볕 아래서 버틴 것

줄기부터 이파리까지 먼지를 씻겼더니
말쑥한 얼굴로 웃는다
새들이 아침마다 깨워주면
이슬로 목을 축였다고
나비가 날아와서 입 맞추고 날아갈 땐
뺨이 붉어졌다고

오랫동안 다물고 있었던 입술이 풀렸는지
계절을 건너온 이야기 듣느라
노을이 기웃거릴 때까지
시간 가는 줄 몰랐는데
꽃들 사이에서 시들어가는 줄기 하나
눈에 걸렸다

굵은 꽃대 사이에 끼어 있던
가느다란 줄기
먼저 손 내밀지 않아도 괜찮겠지 했었는데
빗줄기가 어디로 비껴갔는지
목마름을 끌어안고 안간힘으로 버티며
촉촉한 손길을 기다리고 있었다

손을 내밀었더니
힘없는 다리를 일으켜 세운다
말없이 오래 어루만져 주는
그 약한 종아리에
서서히 살이 오른다

지구촌

한밤중에 도착한 푸켓 공항
말투가 고향 사람 같은 현지 가이드
가로 세로 낱말 맞추기 몇 개 해보니
여고 동창생 막냇동생이다

어머나 어머나 외침이
이국의 하늘에 울려 퍼지자
잠들었던 별들이 화들짝 놀란다

잠잠하던 동창생 카톡방에 불을 당기니
바쁘다는 핑계로 서로 잊었던
지방 어디 산다는 동창 근황이 날아온다

양 갈래로 땋은 흑백 졸업사진과
후덕하게 나이든 요즘 사진까지
내 무딘 머리를 자극하며 기억을 길어 올린다
동생이 거기 있다는 확인 전화까지
삽시간에 동창생 단톡방이 불길에 휩싸였다

아침부터 섭씨 30도를 오르내리는 날씨
종일 수영하는 게 소원이었던 아이들은
이른 아침을 먹고 벌써부터
야외 풀장에서 물장구치는 소리 들리는데

스마트폰 열기에 휩싸인 나는
태국인지 한국인지 분간을 못해서
먼지 뒤집어쓰고 묻혀버린 추억들을
한 장 한 장 꺼내 송출하고 있다

반성문

남편이 천천히 걸으라고 당부합니다. 연중행사로 깁스를
했더니 걷는 것이 불안한가 봅니다.
수십 년 사용한 관절이 자꾸 삐걱거립니다,
태어날 때부터 고장 난 달팽이관이 주변의 소리를 듣지 못
하고 발을 헛디디게 합니다.
며칠 전에도 골목에서 튀어나오는 자동차 소리를 듣지 못
했습니다.
접촉사고로 무릎에 깁스를 했습니다. 갓난아기 때 고장이
난 귀 때문에 부모님을 원망하지 않습니다.

여태까지 잘 살았습니다.
늦게 시작한 글로 온밤을 지새웁니다. 한 줄 글로 소통하지
못하고 끙끙 앓는 내면을 다독입니다.
몸과 마음에 길을 내고 있습니다.
사는 동안 나에게, 타인에게 많은 빚을 졌습니다.
그 빚을 갚기 위해 오늘도 반성문을 씁니다.

시로 고백하는 것은 하늘의 소리를 듣는 저만의 간구입니다

난청

마트 진열대
노랗고 빨간 파프리카 초록 꼭지들
수직으로 혹은 수평으로 쌓여 손님들을 바라본다

막 끊은 저 수많은 탯줄
내 탯줄도 저렇게 끊긴 날 있었다

아들이 아니라고
어머니는 시퍼렇게 멍이 들었다
가슴에 찬바람이 들이쳤을 것이다

보는 사람마다 한마디씩 했다
고추 하나만 달고 나오지
이제 막 세상에 나온 나는
고추가 없다는 죄책감에 물들었다

앉으나 서나 아들 타령이던 어머니
동네 어른들까지 나를 딸맥이*라 불렀다
듣고 싶지 않아 귀를 닫았다

그것이 평생 난청이 될 줄은

그땐 몰랐다

_____

* 딸맥이 : 딸을 그만 낳으라고 붙여준 아명

유언을 가꾸다

절대로 얼굴에 칼 대지 않겠다고
거듭 다짐했던 내가
수술대에 누웠다
자꾸 눈을 찌르는 속눈썹을
바로 잡아주겠다고
여러 해 벼르다 갔는데
핑계는 그럴싸했지만
처진 눈꺼풀을 끌어 올려
젊게 보이고 싶은 욕망이 더 컸다
잊을 만 하면 신세졌던 수술실
다시는 오기 싫었는데
이 나이에 젊게 보이면 뭐할 건데
혼자만의 문답이 가슴에서 충돌한다
딱 하나 생각나는 말
돌아가시기 전 남기신
할머니 말씀
여자와 집은 가꾸며 살아야한다
드디어 유언을 지켰다

계단을 오르다

수많은 계단이 어깨를 맞댄 온금동

휘어진 좁은 골목
바람 신에게 고사 지내며 만선을 빌던 마을
뱃고동 소리와 비린내가 흘러 다니던
유달산 비탈
균형을 잡고 설 희망을 상실한 채
잃어버린 시절을 보냈던 자취방이 있었다

쉼 없이 이어지는 계단 꼭대기
저 아래 평지에 있는 공동우물에서
몇 번씩 쉬어가며 물지게 지고 오르던 날이면
달도 나뭇가지에 핼쑥하게 걸려 있곤 했다

처마 낮은 집에서
물고기 등처럼 시퍼렇게 추웠던 시절
걸음을 옮길 때마다
아직도 말을 걸어온다

계단을 오르는 일은 늘

키를 낮춰 달려오는 바람을 견디는 일

푯대를 향하여 아스라한 이 길을

한 발짝씩 힘겹게 올라간다

신사임당 따라 하기

따스한 바람이 불어오면
베란다에 키우던 화초를 밖으로 내보낸다

갈수록 자라는 나무의 무게를 감당하기 버겁다
자기 몫이라는 것을 아는 남편
구시렁거리며 허리를 굽힌다

커다란 화분을 찬바람이 불 때까지
햇볕과 비와 바람에 단단해지라고
아파트 화단에 터를 잡아준다

내 아이들에게도 그랬다

어느 나라에선 테러가
또 어디에선 화산폭발이 일어났다는데
어디를 보내느냐고
언성을 높이는 남편을 설득해
아이들을 세상으로 내보냈다

쏟아지는 폭염과 비바람을 견딘 화초들을
찬바람이 부는 날 집으로 데려왔다

내 아이들이 돌아온 듯 닦아줄 때
고단했던 이야기들을
주저리주저리
시간 가는 줄 모르고 들려주고 있다

어미 마음

재수했던 아들, 서울 근교 기숙학원에서 수능 준비, 며칠 부족한 9개월, 일주일에 한 통씩 보냈던 편지, 35통 오롯이 모아놓았다.

사랑한다, 보고 싶다, 구구절절 행간마다 넘치는 사랑 타령 월요일마다 썼던 편지, 토요일에 집에 와서 잘 먹고 잘 자고 일요일에 돌아가 하루 지났는데, 보고 싶다

기도하고 있다, 새벽기도, 작정기도, 금식기도, 철야기도, 하늘에 쌓였을까. 열망인지 집착인지 과잉된 언어

건강 챙겨라, 건강 잃으면 다 잃는 것, 스트레스 받아서 자꾸만 탈이 나는 장, 대신 앓아줄 수 없어 안타까운 어미 마음

열심히 해라, 무한 경쟁 시대 최후로 웃는 자가 승리하는 자다 여백마다 갈피마다 어미라는 이름 등에 업고 당부인지 명령인지 분간하기 어렵다.

누구를 위한 승리일까
대리만족을 위한 치맛바람은 아니었을까

재수하는 아들한테 보냈던 편지,
아들 방 책상 정리하다 20년도 더 지나 발견했다

층층 포개진 사랑의 말들
삶의 갈피마다 영양제가 되기를
아들을 품고 기도할 때마다 간절히 바란다

대청소

남태평양 드넓은 바다에서
마실 나온 바람과 손잡은 햇살
한바탕 신바람 나게 놀아보자고
뜨겁게 달아오른 바닷물을 꼬드겼다

앞으로 나란히 줄 세우더니
번호표 붙이고 차례차례 등 떠민다
올라오는 길에 북태평양 바닷물까지 합세해
아이올로스 자루를 풀어헤치고
숨 쉴 틈 없이 태풍이 올라온다

하필이면 왜
아들이 살고 있는 제주도를 넘보느냐고
다 휩쓸고 북한 땅까지 상륙하고 싶냐고
따질 겨를도 없다

청소할 곳이 어디 한두 군데냐고 한다
구석구석 쌓인 쓰레기 폐기물
눈에 보이지 않은 환경호르몬

마땅히 물청소해야 하지 않겠냐고

바닷물도 한 번씩 휘저어야 한다니
이왕 청소하는 김에
바다 밑까지 말끔해졌으면 좋겠다

감정놀이

검지보다 약지가 긴 사람은
남성 호르몬이 많다

바이킹 자이로드롭 토네이도
하늘을 빙빙 날아다니는 놀이기구를 타려는데
심장마비 걱정에 절차가 까다롭다
약지가 긴 나는 심장쯤이야 끄떡없어
눈 꼭 감고 즐겼다

놀이동산 한 바퀴 돌고 나서
마지막으로 탄 강도가 낮은 놀이기구
오른쪽 왼쪽 왔다 갔다 돌아가는 것이
풍랑에 떠밀려가는 배에 탄 듯 멀미가 나고
머릿속 생각도 어지러웠다

화산이 폭발해서 섬 전체가 날아가고
전염병으로 하루 수천 명이 죽는다는
나라 안팎 굵직한 뉴스에는
140억 개 뇌세포가 그러려니 하다가도

주변 사람들이 생각 없이 던진 몇 마디 말에
감정이 요동을 쳐서 멀미가 나고
생채기가 생긴다

잠금장치가 풀린 날에는
약지가 긴 것도 소용없는 일이다

갈변하는 시간

정장은 한 번도 후줄근해진 적이 없다
다림질하고 손질해서
색깔을 이리저리 맞추고
집 밖을 나갈 때마다 남의 눈을 의식했다

몇 해 전 인터넷 쇼핑에서
박스째로 산 속옷
빨고 삶고 부려먹었으니
온전할 리가 없다

서랍장을 열던 남편,
날이 갈수록 짜증만 낸다
후줄근한 팬티는 몽땅 내다 버리라고

거뭇한 얼룩을 지워
날마다 베란다 빨래 건조대에 널었는데
풍선에서 바람 빠져나가듯
쭈글쭈글해지고 헐렁하게 늘어났다

아직 말짱하네요!
구멍 날 때까지 입으세요
쐐기를 박았다

수많은 시간을 겉모습에 투자하고
보이지 않는 가슴속은 헐렁한 누더기로 채웠는지
점검 한 번 없이
늘 이렇게 살아왔다

어리석은 생각을 햇살에 내다 말린다
몸에 새긴 문신처럼 지워지지 않는
위험한 말로 변한 상처들
떠나가기 싫다며 아우성이다

4부 탄 생

탄생

산통이 시작되었다
창공에 퍼지는 새벽별의 함성
동산이 아궁이에 불을 지피면
하늘의 자궁이 열린다
출산을 준비하는 바람 산파의 지휘에
온 들판이 부산하다
신랑인 듯 서성이는 나무
시어머니처럼 안절부절 어쩔 줄 모르는 풀잎
뾰쪽한 시누이 가시도 있다
순산을 바라는 대지가 숙연하다
초롱초롱 눈망울 반짝이다가
또르르 태어나는 이슬 남매들
두 팔 벌려 따스하게 맞이하는 꽃잎
순산이다

네팔

과거와 현재가 교차하는 나라, 자동차가 말 잔등처럼 덜컹거린다. 먼지와 매연으로 매캐한 카트만두, 차와 사람이 뒤섞인 도로엔 신호등도 없다.

지상의 모든 것이 신앙이요 축복인 곳, 삼천삼백만이나 되는 신의 보호 아래 변해가는 세상과 담을 쌓고 산다. 2015년 7월은 네팔력 2071년 3월, 벼랑 끝에 매달려 살면서도 종교가 삶이고 삶은 종교가 되었다 힌두의 붉은 점을 미간에 새기고 늦으면 늦은 대로 서두르지 않는 사람들

대지진 후에도 계속되는 크고 작은 여진, 귀 밝은 짐승들은 밤을 잊고 울부짖는다. 삶과 죽음이 하나 되어 흐르는 바그마티 강변, 죽음을 태우는 수많은 사람들 해탈을 하라며 합장한다.

받은 것이 너무 많아 빚 갚으러 갔다가, 앞이 보이지 않는 이 땅을 위해 울부짖는 짐승처럼 은총을 구하며
무릎 꿇는다

부끄럽습니다

힌두의 신에게 아침마다 제사하며
지상의 모든 것에게 구원을 묻는 조상을 두었지만

택함 받은 비야마교회 성도들은
목이 터져라 당신을 부릅니다
언어는 달라도 모두 아는 말
할렐루야로 당신을 찬양합니다

선풍기 하나 없는 함석지붕 예배당
쏟아지는 땀은
마음 깊은 곳에서 솟아나
온몸으로 흐르는 은혜의 샘 같습니다

무릎 꿇고 빼곡히 앉아
두 시간이 넘게 드리는 예배
은혜의 성소입니다
성령 충만으로 하나 되어
모든 길을 당신께로 열었습니다

겨우 한 시간 예배도
길다 짧다 춥다 덥다
불평과 판단을 앞세우는 우리

아름다운 성전이 부끄럽습니다
많이 가진 풍요도 부끄럽습니다
당신을 먼저 만난 믿음도 부끄럽습니다

던여밧* 예수, 더 깨닫게 하소서
더 낮아지게 하소서
성령의 새 바람 덧입혀 주소서

———————

*던여밧 : 감사합니다. 라는 뜻의 네팔어

조문

오래전 그리스에
석상이 문패를 대신하던 시절이 있었다

대리석으로 집을 지은 건축주는
실루엣이 드러나는 드레스를 입힌 귀족 부부를
조각으로 장식한 대문 앞에 세우고
품위 있는 입주자를 불렀다

기사들이 모인 동네는 지퐁에 망토로 장식한 석상을 세웠다
서민들이 모여 사는 곳에는 튜닉에 브레를 걸친 석상들이
수척한 어깨로 문 앞을 지켰다

미켈란젤로 집 앞에는
얼굴을 만들려는 사람들로 문전성시를 이루고
뚱보나 빼빼나 사이즈는 비슷해서
준비된 석상에 얼굴만 얹으면 문패는 완성되었다

건축 붐이 일어 일은 밀리고
솔로몬을 닮은 석공은 밤을 새워 몸통을 만들었다
머리만 재빠르게 준비하면 돈이 굴러왔다

호황도 잠시 대지진이 일어나고
주인을 만나지 못한 얼굴 없는 주검들
겨를 없이 땅속에 매장되었다

걸음마다 유적이 밟히는 고린도
몰려온 조문객이 줄을 잇는다

메테오라 수도원

핀도스산맥 끝자락
우뚝 솟아오른 바위 꼭대기에
아찔하게 서 있는 수도원이 있다

부패한 종교 지도자들을 피하여
하늘 바로 아래
수도원을 지은 수도사들
삶의 우선순위는 하나님이었다

천근의 돌과 물통을 등에 지고
자신을 제물로 바친다는 심정으로
암벽을 기어올라
바위 꼭대기에 수도원을 지었다

새들이 쉬었다 가고
바람 소리 머물다 가는 곳
조금이라도 더 가까이
신에게 가기 원했던 수도사들에게
절대 고독과 순종의 공간

세상이 내려다보이는 수도원에

목숨 걸고 신앙을 지켰던

독수리 같은 성인들이 있었다

오직 여호와를 앙망하는 자는 새 힘을 얻으리니 독수리가 날개 치며 올
라감 같을 것이요(이사야 40:31)

그래도 사랑

경계가 없이 드나드는 폭언
칼날을 들이대듯 가슴을 후비는 언어
냉정한 사람들은
자신을 합리화시켜
거짓말을 줄줄이 끌어낸다

목을 조여 오는 힘에
입이 마르고 숨이 가쁘다
맥이 끊기고 체면도 떨어져 나간다

가슴에 가득했던 욕심이
설마라는 착각에 절여지는 동안
입안은 곪고 있었다

자신만의 단단한 성벽을 쌓고서
무조건 자기가 옳다며
누구 말도 듣지 않는 사람들

하늘 이 끝에서 저 끝까지
밤낮없이 폭우를 쏟아 물청소하셨던 조물주
다시는 세상을 멸하지 않겠다고
무지개로 보여주셨던 약속 파기하고 싶겠다

움켜쥔 빛이 하나둘 빠져나가도
새벽마다 올렸던 간절한 기도를
외면치 않으시는 하나님

박귀덕 권사

1950년 10월 13일 전남 영광 염산교회 앞 바닷가, 열다섯 살 옥자가 세 살 난 동생 미자를 업었고, 금자는 열한 살 신자는 아홉 살, 네 자매가 함께 있었다

예수 믿어서 죽인다는 공산당의 칼날, 우리를 천국 보내주시니 감사합니다. 저 아저씨들 용서해 주세요. 옥자의 기도에 지나가던 바람도 목을 놓았다. 피비린내 가득한 바다,

이웃 마을 다녀오느라 인민군의 급습을 몰랐던 엄마, 물이 빠지자 목이 잘린 네 딸의 시체가 드러났다. 하늘이 무너지고 땅이 뒤집힌 광란, 서른한 살에 딸 넷을 가슴에 묻고 아흔이 넘도록 살았다

못 죽은께 살았제, 즈그들은 천국 갔을 것이요 간증하는 박귀덕 권사, 어찌 살았으면 저리 천국의 얼굴일까? 새벽빛이다, 주름진 어둠마저 훤하다.

벽

빽빽하게 솟은 빌딩 숲
휘돌아 나오는 바람이 싸늘하다
덩치 큰 몸집을 자랑하는 건물들
아무리 살펴봐도 굳게 잠겼다

저 갑들의 출입구
지문인식기와 홍체 인식 시스템과
겹겹의 바코드가 파수꾼이다

최첨단 장비가 있거나
남들보다 대단한 스펙을 가져야
들어갈 수 있다

24개월 할부로
신데렐라 성형외과에서
감쪽같이 계란형으로 성형까지 했는데도
출구를 통과할 수 없는 을들은
낙오자가 될까 봐 속이 탄다

저 벽에 구멍을 뚫고
창문을 만들어주고 싶은 부모들
자나 깨나 자식 걱정이다
어떻게 하면 보란 듯이 살게 할까
인맥을 찾아 여기저기 기웃거린다

구별된 자로 살지 못하고
세상의 가치관을 따라 뒤뚱거리며
벽 앞에 머뭇거리고 있다

닮았다

여행 가고 싶다는 말을 입에 달고 사는 딸
돈만 모아지면 떠날 채비하는 나
남편 칠순 기념 핑계 삼아 여행가기로 했다

여행 떠나는 날 인천공항
인파로 북새통인 면세 구역을 지나
19번 게이트 앞에서
푸켓 가는 비행기를 기다린다

쇼핑 마니아들은 면세점을 뛰어다니는데
물건 고르는 안목이 부족한 우린
공항 승강장에서 멀뚱거리며 사람 구경하고 있다

면세점 가서 명품 구경할까
딸에게 물으니
사고 싶은 것 없어 괜히 다리만 아프다며
고개를 살래살래 흔든다

한창 명품 소유하고 싶을 40대 딸
다행인지 불행인지 엄마 닮아서
비싼 옷만 보면 가슴이 떨린단다

물려줄 만한 물건 하나 없는 60대 어미
딸 쳐다보며 실없이 웃는데
마주 보며 웃는 딸의 눈매가 곱다

신고식

두두두두 드륵드륵 쾅쾅
1년 전에도 신고를 받았는데
또 시작이다

어지간하면 그냥 살아도 좋으련만
인부들이 쉴 새 없이
집주인 취향에 맞추느라
윗집, 아랫집, 옆집
며칠 사이로 귀청을 찢는 함마 드릴 소리

이사할 때마다
부수고 짓고 뜯고 바르고 지우고 칠한다
욕조의 깨진 타일과
천장과 바닥에서 뜯어낸 도배지와 폐자재
수북하게 쌓인다

지구는 갈수록 병들어
인류의 생존이 위험하다는데
옆집은 여전히

두두두두 드륵드륵 쾅쾅

이사 온다고 신고 중이다

갈림길

몇 년 동안 계속되는 갈등

듣고 싶지도

보고 싶지도 않았습니다

폭우에도 가뭄에도 담담하려고

문 닫고 있었습니다

그러나 거짓이 거짓을 낳을 때는

잠잠할 수 없었습니다

할머니 말씀이 머리에 쟁쟁하고

어머니의 꼿꼿한 모습이 어른거렸습니다

내 삶은 온전히 내 것인 줄 알았는데

이 나이 되도록 겪어보지 못한 갈등 속에서

허둥거리고 있습니다

당당하게 등을 보이고 떠나야 할지

견고하게 뿌리를 내려야 할지

갈림길에 서 있습니다

떠나기 싫다고 아우성치는 내면의 소리

노예근성과 자발적 복종이

습관이 되었나 봅니다

두려운 마음에

주의 뜻을 묻기 위해
무릎을 꿇습니다

맏며느리 명절

사회적 거리두기
5인 이상 집합금지
부모 형제 찾아가지 않아도 된다니
이보다 더 좋은 시절 없다고
명절에서 해방된 사람들 문밖을 나서지 않는데

뼛속까지 맏며느리인 나는
조상들께 제사는 하지 않더라도
설날인데 얼굴은 봐야 하지 않겠냐며
형제만 부르자고 남편을 설득했다

아들을 낳지 못한 어머니로 인해
일평생 고통당했으면서도
시누이는 출가외인이라며 제외시키려니
살짝 갈등에 젖는다

생각을 바꿀 나이도 된 것 같은데
코로나 핑계로 탓할 사람 없을 텐데 하다가도

그래도 명절인데 마음이 편치 않아
장돌뱅이처럼 시장을 기웃거리는데
천정까지 치솟은 물가에
가슴을 쓸어내린다

한평생 붙이고 사는
맏며느리 꼬리표
나라에서 강제로 휴가를 주겠다는데도
내가 나를 채찍질하고 있으니
아직도 갈 길이 멀다

변명

의사 아들이 보통 때와는 다른 어조로
점잖게 한마디 한다

모처럼 다니러 온 녀석이
식탐을 줄이지 못해 체중조절을 할 수 없다
언제까지 관절염 끌어안고 끙끙거릴 거냐며
처방전을 적어 냉장고 문에 붙여놓고
꼭 이대로 하라고 엄포를 놓고 떠난다

뱃속에 커다란 쓰레기통을 넣어놓고
저희들이 먹다 남긴 것
저희 자식들이 먹다 남은 것까지
아깝다며 버리지 못하고
차곡차곡 입속으로 디밀었다

풍선처럼 늘어난 위장과 대장을
이제 와서 줄이라니
하라는 대로 소식하며 버텼다가
기력이 딸리는지 손이 떨려

글씨를 쓰는데 삐뚤빼뚤 제멋대로다

무엇이든 맛있게 받아주면서 탈나지 않은
튼튼한 장기를 물려준 부모님을
이제 와서 원망할 수도 없고
그렇다고 자식 말대로 하자니 너무 힘겨워서

도시락을 싸가지 못했던 학창시절이
무의식중에 내 발목을 잡는다고
꾸역꾸역 올라오는 식탐을 줄이려
무지하게 노력하고 있다고 변명해본다

5키로라도 감량하면 믿어주려나

낡아가는 것들

혼수품 중 하나였던 빨간 대야
낡은 천 쪼가리 갈라지듯 힘없이 푹 찢어진다

화장실 한쪽 구석에서 사용했던 것
열 번 넘게 옮겨 다녔던 이사에도
약방의 감초처럼 소중하게 간수했다

두 아이 씻기는 목욕통이었다가
하루에도 몇 번씩 기저귀를 빨았고
남편 작업복 빨아 헹구다가
아이들 운동화 빨아 졸업시켰다

넘쳐나는 일거리가 힘에 부쳤는지
타일에 수도 없이 부딪치며 멍이 들었던지
물에 퉁퉁 불어 마를 새 없던 몸뚱이가
더는 못 견디겠다며 고단한 내일을 깨뜨린다

명줄이 긴 줄 알았는데
한쪽이 찢어지더니 그 옆까지 줄줄이 갈라지는 것이

꼭 나를 닮은 것만 같다

금방 넘어질 것 같다고 등 뒤에서 걱정하는 남편
일곱 번이나 마취를 했는데도
시도 때도 없이 병원 순례하는
약한 몸뚱이

늙어가는 것들은 다 한통속이다

락앤락

- 자서전

흐트러지는 건 싫어요
정확한 걸 좋아하는 네모랍니다
풍선처럼 부풀려서 집어넣지 마시고
똑딱 소리 정직하게 채워주세요

꼭 닫으면 감옥 같지만
가두고 싶은 마음은 조금도 없어요
밝은 눈으로 들여다봐도
몸은 물론 마음까지 투명하답니다

나에게 왔던 것들은 냄새를 남겨요
지우려 애를 써도
수세미와 신제품 세제를 동원해도
사라지지 않는답니다
물증은 없지만 심증은 분명해
기억력도 좋습니다

함부로 던지거나
인정머리 없이 취급하지 마세요
금이 가면 깨지는 거나 마찬가지여서
한 번 망가지면 되돌리기 어렵답니다

찌꺼기는 빨리 버리고
새로운 맛으로 채우고 싶어요
몸속에 품고
신선하게 보관하려는 소망이 있습니다

유언장

돌풍으로 인해 착륙하지 못하고 제주 하늘을 뱅글뱅글 도는 비행기, 한 시간 가까이 멀미를 참으며 머릿속에 종이를 펼치고 펜을 든다

이웃에게 넘치는 물이 되어 창조주의 마음을 헤아리라 당부하다가 라면밖에 끓일 줄 모르는 너희 아버지 등 좀 자주 긁어드려라 적는데, 귓전에서 울컥 소리가 들린다. 많지도 않은 누나 동생 사이좋게 오가며 살았으면 좋겠다고 적는다

장기기증 서약했으니 약속 지키라 적고 연구용으로 뇌 기증도 서명했다 적는다. 다 나눠주고 한 줌 남거들랑 바다로 보내 달라 적는다

눈부신 햇살 아래 태평양을 유유히 흐르다가 홍해를 거쳐 수에즈 운하를 통과해 밧모섬 요한을 만나 하늘의 비밀을 물어보고, 희망봉을 돌아 인도양까지 다 둘러본 후엔 내가 태어난 어촌의 파도와 함께 머물 테니 보고 싶으면 그곳으로 오라 적는다

공중에서 쉴 새 없이 곡예 하던 비행기 두어 시간 만에 극적으로 착륙할 때, 머릿속에 있던 유언장이 심장에서 살아 꿈틀거린다.

이름값 - 첫 번째

　태초에 하나님이 천지를 창조하셨다. 하나님의 형상대로 사람을 만드시고 아담과 하와라고 이름을 지어주셨다. 에덴동산에 동물과 식물을 살게 하시고 아담이 부르는 대로 이름이 되게 하셨다.

　우리가 살아가는 세상에도 이름이 없는 사람은 아무도 없다. 아이가 태어나면 부모들은 의미와 소망을 담아 이름을 짓는다. 요즘에는 유행처럼 아직 태어나지 않은 태아의 이름까지 짓는다.

　조성자의 동화 「내 이름이 어때서」에는 '나누리' '이기적' '고장선' '차보람'이라는 특별한 이름을 가진 아이들이 등장한다. 네 아이의 이름은 처음엔 친구들의 놀림감이었다. 그러나 이 아이들은 놀림 속에서도 이름값을 하여 부모의 소망을 저버리지 않는다.

　책을 덮고 나서 우리 가족의 이름을 가만히 불러보았다. 부모의 소망이 담긴 이름에 값을 하고 있는지 생각해보았다.

잠든 남편 손을 따스하게 잡아
가슴에 올린다

쉴 새 없이 동분서주했던 손
솥뚜껑처럼 거칠고 단단하다

타고난 선한 성품
누구 한번 때려보지 못했고
계산할 줄 몰라 베푸는 것에만 익숙하여
자기 몫이라고 움켜쥐지 않는다

거절하지 못해
몸에 맞지 않은 거추장스러운 옷 입고
환난과 핍박 견뎌온
남편의 손을 어루만지다가 손바닥까지
고생했다 쓰다듬어 본다

이 손을 잡은 지 40여 년
서로 다름을 인정하지 못한 나로 인해
얼마나 고단했을까
앞으로 언제까지
이 손 따뜻이 잡을 수 있을지

남편 손을 조심스레 내려놓고
곤히 잠든 얼굴을 바라보는데
내 손이 따뜻해진다

「소중한 손」 전문

남편의 이름은 김주식(金柱植)이다. 기둥 주(柱), 심을 식(植). 시부모님께 여쭈었더니 어디에서건 기둥처럼 든든한 사람이 되라며 지었다고 하셨다.

시부모님은 장남에 대한 기대가 유별나다. 남편은 제일 큰집의 장남이다. 시부모님이 지금부터 60여 년 전 장티푸스 전염병에 걸렸다고 한다. 무려 4개월을 죽음과 사투를 벌였는데, 당시 국민학교 5학년인 남편이 부모님 약을 구하러 밤길도 마다 않고 먼 거리를 다녀왔다고 한다. 남편보다 17년 아래인 남동생은 아직 태어나기 전이었고, 여동생은 생후 7개월이었는데, 젖을 먹지 못해 뼈만 앙상했다고 한다. 가정형편도 어려워 보리밥을 씹어서 먹였다고 작은어머님이 말씀하셨다. 지금도 남편은 부모님께나 형제들에게나 장남 노릇에 충실하려고 무척이나 애쓰며 산다. 일평생 곁에서 본 남편은 우리 집안의 기둥이다.

하지만 교회에서 기둥이 되었는지는 모르겠다. 1994년 3월에 장로로 임직받았던 남편은 금년에 은퇴를 앞두고 있다. 장로로 피택 되었을 때, 이 나이에 무슨 장로냐며 절대로 안 하겠다고 교회에서 주신 〈장로고시 문제집〉을 열어보지도 않았다. 노회에서 장로고시가 있던 날 아침, 담임목사님께서 거의 강제로 시험장에 끌고 가셨다.

남편은 자유로운 영혼의 소유자다. 누구에게 구속받는 것 싫어하고 잘 짜인 조직 속에 들어가는 걸 어려워한다. 이런 성향으로 27년간 장로로 섬기면서 몸에 맞지 않는 옷을 입은 것처럼 어지간히 버둥거렸다. 65세가 되면서부턴 장로사직서를 늘 주머니에 넣고 다녔다.

그나마 온유한 성품을 하나님이 주신 덕분에 직분을 무사히 감당했던 것 같다. 남편은 일 중심보다는 사람 중심으로 사고하기에 상대방의 입장에서 생각하는 것이 자연스러운 사람이다. 그래서 다른 사람을 이끌고 다스리기보다는 조화를 위해서 다른 사람의 의견을 따르는 편이다. 가끔은 자기도 성깔 있다고 버럭 화를 내기도 하지만, 남편과 같은 성향을 가진 사람을 칼 융은 '양털솜을 넣은 오버코트처럼 속마음이 따스하고 친절한 사람'이라고 했다.

남편을 만난 건 1978년 1월 초였다. 만난 지 3개월 만에 결혼하여 지금까지 어느 곳에서든지 이름처럼 기둥과 같은 사람이 되게 해 달라고 기도한다. 어떤 사람에게는 기둥인데 어떤 사람에게는 걸림돌이 될 수밖에 없는 상황에도 처해보았다. 처해있는 환경의 갈등 가운데 참으로 버거운 시간을 지나왔다. 죽음의 강을 건너는 순간까지 기둥과 같이 든든한 삶을 살게 해달라는 기도는 계속될 것이다.

이름값 – 두 번째

선교 바자회에 시집 이십 권을 기부했다
알려지지도 않은 시집 누가 사겠냐고
눈앞에서 하는 소리
가슴에서 쿵 소리가 난다

애초부터 이름 얻겠다고 시작한 일도 아니고
이야기꾼 아버지 유전자 물려받아
몸속에 저장된 물꼬 트이듯
주저리주저리 쏟아져 나온 것뿐인데

세상 사람들 평가 방식으로 보면
시답지 않은 이야기를
시랍시고 끄적여 놓았으니
보기에 형편없었나 보다

널리 알려지려면
시도 잘 써야 하지만 인기도 좋아야 한다는데
시도 못 쓰면서
인기조차 없으니
김소월 윤동주 시대는 이미 지나
시집 한 권이
커피 한 잔 대접도 못 받는 세상

공짜로 주면서도 눈치를 봐야 하는
시를 써서 무엇할까

그럼에도 저녁이면
책상 앞에 앉아 시를 풀어놓는다

이름 없어도
아버지 이름을 품고
시집에 버젓한 제목 하나 붙여주라는
음성이 있었기에

「이름값」 전문

　내 이름은 영란(永蘭)이다. 이름을 지어준 아버지의 소망은 한자의 뜻에 담겨있다. 길 영(永), 난초 란(蘭). 난초와 같이 은은한 향기를 오래 풍기며 살라고 하셨다. 그런데 나에게 무슨 향기가 있는지 모르겠다. 행여 다른 사람들에게 악취나 구린내를 풍기고 있지는 않은지….

　기독서점을 운영하던 40대 중반부터 '남아있는 삶은 무엇을 하며 살까요?' 시도 때도 없이 주님께 여쭈었다. 거의 10년 만에 응답을 받았다. 서점을 그만두고 예수전도단에 들어간 지 4년째, 상담학교 간사로 섬길 때였다. 수업이 끝나고 학생들이 돌아간 교실에서 그날 강의하신 목사님과 간사님들이 모여 기도하는 시간이었다. "네 가슴에 향기로운 것이 있는데 그걸 꺼냈으면 좋겠다"고 하셨다. 다시 여쭈었다. "주님, 제 가슴에 있는 향기로운 것이 무엇인데요?" 일주일 만에 다시 응답받았다. "네가 가장 좋아하는 것"이라는 음성이었다.

2008년 초, 방송대 국문과에서 학생을 추가모집 하고 있었다. 나를 위해 준비된 것 같은 추가모집에 골인하여 글을 배웠다. 방송대 4학년 때 시를 써서 등단을 했다. 그 후로 좋은 글을 써서 향기가 되고자 했다. 하나님을 기쁘게 해드리고 싶었다. 하지만 쉬운 일은 없었다. 문학이 구원이 될 줄 알았는데, 다가갈수록 벽 너머의 세상처럼 아득하다. 문자란 곧 말의 수단이기에 행함이 없는 문자는 울리는 꽹과리에 불과하다. 갈등지수가 최고로 높은 나라의 국민으로 살면서 모든 사람에게 향기가 되겠다는 꿈은 망상이었다. 달란트도 없는데 그만 내려놓아야지 하다가도 주님의 음성이 떠올라서 숙제처럼 끌어안고 낑낑거리고 있다.

이름값 - 세 번째

분수에 맞는 삶을 살겠노라
너무 힘들게 살지 않을 거야
재잘거리는 딸아

아무리 우리가 원해도
모든 것은 예정 가운데 있으니
하나님의 뜻이 있어야 한다
점잖게 말하는 아들아

이루지 못한 엄마의 꿈들은 지나가고
너희들 눈부신 앞날만 남았구나
너희라면 엄마를 마음껏 밟고 지나가도 좋으니
날개를 펴고 큰 꿈을 가지거라

치열한 세상에서
필요로 하는 사람으로 발돋움하며
오늘보다 더 나은 내일을 그려 보거라
가고자 하는 사람에게 열리는 길은
생명의 길로 이어지는 법

딸아 아들아
좌절하거나 포기하고 싶을 땐

주저 말고 무릎을 끓어라
너희를 아빠와 엄마에게 맡긴 좋으신 하나님
그 이름은 임마누엘이란다

「딸아 아들아」 전문

아이들 이름 짓기 참 어려웠다. 해산을 앞두고 시골에 계신 양가 부모님께 이름을 지어 달라고 부탁했다. 젊은 너희들이 지으라고 말씀하시는데, 좋은 이름을 지어주고 싶어 청년 시절 섬겼던 화곡동교회(현 화곡동 치유하는 교회) 장종섭 장로님께 부탁했다. 신앙 서적 몇 권을 펴낸 작가이신 장로님은 고향을 떠나온 나에게 친정 아버지처럼 울타리가 되어주셨다. 아이가 태어났다고 전화하면 다음 날 이름을 들고 산부인과 병원엘 오셨다.

딸 이름은 보혜(輔惠)이다. 도울 보(輔), 은혜 혜(惠). 장로님이 성경을 읽는데 '보혜사 성령'이라는 말이 눈에 들어왔다고 한다. 보혜사 성령은 세상 모든 믿는 사람들을 돕는 성령이다. 거기에 맞는 한문을 선택해서 윗사람을 잘 보필하라고 '도울 보', 아랫사람에게 은혜를 베풀라는 '은혜 혜'를 골랐다고 하셨다. 결과적으로 보혜사 성령처럼 윗사람 아랫사람 모두 도우며 살라는 뜻이다.

아들 이름은 성진(成眞)이다. 이룰 성(成), 참 진(眞). 이름을 지어 오신 장로님은 '세상에 참이신 분은 하나님 한 분밖에 없다. 참이신 하나님의 뜻을 이루며 하나님의 성품을 닮은 넉넉한 사람으로 이 땅 가운데서 살아가라'는 의미라고 하셨다.

우리가 세상을 떠난 후에라도 자식들이 아버지를 생각하면 기둥처럼 든든한 사람이었다고 기억되었으면 좋겠다. 내 이름을 생각하면 향기로운 삶 한 토막이나, 향기로운 글 한 줄 떠올랐으면 좋겠다. 아이들이 하나님 말씀 앞에 부끄럽지 않게 믿음의 뿌리를 내렸으면 좋겠다. 하지만 이것마저도 욕심일지 모르겠다. 평가는 마지막에 그분이 하실 것이니 말씀 앞에서 잠잠히 살아가려 한다.

마치며

    대여섯 살 때 우리 동네에 교회가 문을 열었다. 그때부터 일생을 섬겼던 교회들, 국민학교 내내 들락거렸던 해남 복평교회, 중등부를 지냈던 삼일교회, 고등부의 추억이 남아있는 목포 남부교회, 청년 시절을 보낸 화곡동 치유하는 교회, 남편을 만나 결혼하여 6개월 기한이었던 전셋집을 이사 다니며 잠깐씩 몸을 맡겼던 도림교회와 안양 비산동 원호교회, 인천 구월동 용광장로교회. 그리고 인생의 절반을 넘게 보낸 광명교회, 광명교회 40주년 기념교회인 주향한교회, 오늘따라 불러보고 싶은 이름들이다.

    1982년 3월에 광명시로 이사 와서 3월 마지막 주일에 창립 예배를 드린 광명교회에 등록한 건 하나님의 섭리였다. 남편은 창립 첫해 남선교회 회장을 임명받아 개척교회를 말없이 섬겼다. 뒤이어 성가대장과 청년부장을 맡다가 93년 40대 초반에 장로로 피택되었다. 40여 년 섬겨온 광명교회는 남편과 우리 가족의 인생이 담겨있는 곳이다. 장로로 27년을 감당하는 동안 허물 많고 질그릇 같은 우리의 등을 밀어주고 손잡아 준 많은 분들께 감사한다. 교회가 소속된 영등포노회 목사님, 장로님들께도 감사드린다. 기한은 알 수 없지만 남아있는 삶을 함께 섬기게 된 주향한교회 목사님과 장로님들 성도님들께도 감사드린다. 지면 관계상 이름을 일일이 열거하지 못하지만 고맙다는 인사를 전하고 싶다.

하나님께서 남편에게 주신 직분을 은혜 가운데 마치고 은퇴하게 되어 감사하다. 한 계절이 떠난 자리를 다른 계절이 부지런히 채우듯, 새로 선출된 신실한 일꾼들이 하나님 나라를 확장해 가리라 믿는다. 광명교회나 주향한교회 성도들이 생명을 마치는 날까지 하나님께 그리고 스스로에게 부끄럽지 않은 이름으로 섬길 수 있기를 간절히 기도한다.